HERNANDES DIAS LOPES

NÃO DESANIME

JESUS *está no* CONTROLE

EDIÇÃO REVISADA E AMPLIADA

© 2017 por Hernandes Dias Lopes

1ª edição: fevereiro de 2017
4ª reimpressão: maio de 2025

Revisão: Josemar de S. Pinto e Letras Reformadas
Diagramação: Letras Reformadas
Capa: Maquinaria Studio
Editor: Aldo Menezes
Coordenador de produção: Mauro Terrengui
Impressão e acabamento: Imprensa da Fé

As opiniões, as interpretações e os conceitos desta obra são de responsabilidade de quem a escreveu e não refletem necessariamente o ponto de vista da Hagnos.

Todos os direitos desta edição reservados à
EDITORA HAGNOS LTDA.
Rua Geraldo Flausino Gomes, 42, conj. 41
CEP 04575-060 — São Paulo, SP
Tel.: (11) 5990-3308

E-mail: editorial@hagnos.com.br | Home page: www.hagnos.com.br
Editora associada à Associação Brasileira de Direitos Reprográficos (ABDR)

Dados Internacionais de Catalogação na Publicação (CIP)

Lopes, Hernandes Dias

Não desanime: Jesus está no controle / Hernandes Dias Lopes. — Ed. revisada e ampliada. — São Paulo: Hagnos 2017.

ISBN 978-85-243-0528-3

1. Esperança 2. Fé 3. Coragem 4. Jesus Cristo I. Título

16-1394   CDD 248:485

Índices para catálogo sistemático:
1. Fé : 248:485
Angélica Ilacqua CRB-8/7057

DEDICATÓRIA

Dedico este livro à minha saudosa mãe, Alaíde de Souza Lopes, a quem o Senhor Jesus já chamou à eterna glória. Ela me ensinou a andar com Deus. Ela enfrentou terríveis tempestades, mas manteve o olhar fito em Jesus e triunfou!

SUMÁRIO

Prefácio 7
Introdução 8
Mateus 14:22-33 10

1. Tensões na caminhada da vida 12
2. Quando Jesus chega nas tempestades da vida 41
3. A intervenção de Jesus nas tempestades da vida 49

Conclusão 62

PREFÁCIO

Ufa!

Que alívio ouvir esta frase: "Não desanime, Jesus está no controle"!

Convivendo com tantas notícias ruins, previsões pessimistas, tantas pressões nos afogando e várias decisões a serem tomadas num espaço de tempo cada vez mais curto, é muito importante saber que Jesus está no trono do universo e tem nossa vida e as circunstâncias sob total controle. Se essa convicção morrer em nosso coração, perderemos a alegria de viver e não vamos aproveitar a vida em abundância que Jesus oferece.

O rev. Hernandes consegue, através de sua caneta iluminada por Deus, abafar todos os gritos externos que nos assustam, ao relembrar-nos de que Jesus está no controle.

Examinando Mateus 14:22-33, o autor leva-nos para dentro do texto e faz-nos sentir o coração pulsar mais forte e vivenciar todas as aflições dos discípulos. Mas, com a habilidade dada por Deus, ele também nos faz vibrar com a intervenção de Jesus na vida desses homens.

O que autentica os princípios contidos neste livro é o fato de o amigo e pastor Hernandes aplicar em sua própria vida os princípios aqui examinados, pois, nos momentos difíceis que o vi enfrentar, esta afirmação sempre esteve presente: "Não desanime, Jesus está no controle"!

Rev. Francisco Bernardo Neto

INTRODUÇÃO

JESUS NÃO TEM TEMPO PARA descansar nem para comer (Marcos 6:31). A atividade é intensa. A agenda está congestionada. A multidão carente cada dia mais busca o seu socorro. Os doentes encontram nele a esperança da cura. Os leprosos, escorraçados e banidos do convívio social, recebem dele purificação. Os cegos, mergulhados em densas trevas, recebem luz. Os coxos e paralíticos aprumam-se na vida. Os publicanos e pecadores odiados recebem dele simpatia, amor e perdão. As prostitutas mercadejadas recebem dignidade e vida nova. Jesus atende a todos com ternura e compaixão: às crianças, ele toma nos braços e abençoa; às mulheres, ele valoriza e restaura-lhes a dignidade; aos famintos, ele alimenta; aos possessos, ele liberta; aos tristes, ele consola; aos caídos, ele levanta.

Se não bastasse o clamor da multidão com os seus graves e urgentes problemas, Jesus recebe a notícia do assassinato de seu primo João Batista. O rei Herodes, atendendo ao capricho de uma mulher perversa, cumprindo a vontade de uma jovem inconsequente, atenta contra a vida do precursor do Messias e manda decapitá-lo no cárcere. As nuvens estavam pardacentas. O clima era de tensão e tristeza (Mateus 14:12,13).

Os discípulos já estavam cansados e estressados. Agora, estavam também abalados e tristes. É hora de tirar umas férias. Jesus toma a decisão. Eles programam sair para um lugar deserto (Marcos 6:31).

Deviam sair do burburinho da multidão, refazer as forças, ter um tempo de refrigério e descanso. Mas, quando chegam ao local, a multidão os havia antecipado. As férias foram frustradas, e surgiu ainda mais tensão e mais trabalho, pois Jesus não mandou a multidão voltar para casa. Ele se compadeceu daquelas pessoas, porque eram como ovelhas sem pastor. Passou a curar os enfermos e a ensinar aquela gente tão desprovida de sonhos. Depois, Jesus multiplicou os pães e os peixes e ordenou aos discípulos que alimentassem a grande multidão.

Quando tudo acabou, os discípulos ficaram perplexos com a decisão de Jesus. As férias haviam terminado. Aliás, eles não chegaram a ter férias. Jesus os compeliu a entrar no barco e a voltar para casa (Mateus 14:22). As férias foram frustradas. O plano de um período de descanso não prosperou.

O mínimo que os discípulos esperavam agora era uma viagem tranquila de volta para casa, já que o programa de férias não funcionara. Mas é aqui que começamos uma história cheia de tensões e profundas lições na caminhada da vida. Na volta para casa, aqueles discípulos, depois de testemunharem um grande milagre operado e mesmo sob ordem expressa de Jesus, enfrentaram uma terrível tempestade.

Antes de continuar a leitura, aconselho você a ler Mateus 14:22-33, que se encontra nas páginas 13 a 15. Ali estão os princípios expostos neste livro.

MATEUS 14:22-33

¹*Naquele tempo, Herodes, o governante, ouviu a fama de Jesus* ²*e disse aos seus servos: Ele é João Batista, que ressuscitou dentre os mortos! Por isso esses poderes miraculosos atuam nele.* ³*Pois Herodes havia prendido e amarrado João, colocando-o no cárcere, por causa de Herodias, mulher de seu irmão Filipe.* ⁴*Pois João lhe dizia: Não te é permitido possuí-la.* ⁵*Embora desejasse matá-lo, Herodes temia o povo, porque este considerava João um profeta.* ⁶*Na festa de aniversário de Herodes, a filha de Herodias dançou diante dos convidados e agradou a Herodes,* ⁷*de modo que ele prometeu sob juramento dar-lhe tudo o que pedisse.* ⁸*Instigada por sua mãe, ela disse: Dá-me aqui num prato a cabeça de João Batista.* ⁹*O rei, então, entristeceu-se, mas, por causa do juramento e dos que estavam à mesa com ele, ordenou que a entregassem a ela,* ¹⁰*e mandou decapitar João no cárcere;* ¹¹*e a cabeça foi trazida num prato e entregue à jovem; e ela a levou para a sua mãe.*

¹²*Então os discípulos de João vieram, levaram o corpo e o sepultaram. Depois, foram contar essas coisas a Jesus.* ¹³*Ouvindo isso, Jesus retirou-se dali num barco e foi para um lugar deserto, à parte; e quando as multidões souberam disso, seguiram-no a pé desde as cidades.* ¹⁴*Ao desembarcar, ele viu uma grande multidão, teve compaixão dela e curou os enfermos.* ¹⁵*Ao cair da tarde, os discípulos aproximaram-se dele, dizendo: O lugar é deserto, e a hora já está avançada; manda embora as multidões, para que possam ir aos povoados comprar algo para comer.* ¹⁶*Jesus, porém, lhes disse: Eles não precisam ir embora; vós mesmos dai-lhes de comer.* ¹⁷*Então*

eles lhe disseram: Temos aqui apenas cinco pães e dois peixes. ¹⁸E ele disse: Trazei-os aqui. ¹⁹Depois de ordenar que as multidões se sentassem na grama, tomou os cinco pães e os dois peixes, ergueu os olhos ao céu, abençoou-os e partiu os pães. Depois os entregou aos discípulos, e eles os entregaram às multidões. ²⁰Todos comeram e se fartaram; e recolheram-se doze cestos com os pedaços que sobraram. ²¹Os que comeram foram cerca de cinco mil homens, além de mulheres e crianças.

²²Logo em seguida, ele obrigou seus discípulos a entrar no barco e ir na frente dele para o outro lado, enquanto ele mandava as multidões para casa. ²³Tendo-as mandado para casa, subiu ao monte para orar em particular. Ao anoitecer, ele estava ali sozinho. ²⁴Enquanto isso, o barco já estava bem longe da terra e era sacudido pelas ondas, pois o vento era contrário. ²⁵Já alta madrugada, Jesus foi até eles, andando sobre o mar. ²⁶Mas, ao vê-lo andando sobre o mar, os discípulos assustaram-se e disseram: É um fantasma! E gritaram de medo. ²⁷Jesus, porém, falou-lhes imediatamente: Tende coragem! Sou eu! Não temais. ²⁸Pedro lhe respondeu: Senhor, se és tu, manda-me ir sobre as águas até onde estás. ²⁹Ele lhe disse: Vem. Descendo do barco e andando sobre as águas, Pedro foi ao encontro de Jesus. ³⁰Mas, ao perceber o vento, teve medo; e, começando a afundar, gritou: Senhor, salva-me. ³¹Imediatamente Jesus estendeu a mão, segurou-o e disse-lhe: Homem de pequena fé, por que duvidaste? ³²E logo que subiram para o barco, o vento cessou. ³³Então os que estavam no barco o adoraram, dizendo: Verdadeiramente tu és o Filho de Deus.

1

TENSÕES NA CAMINHADA DA VIDA

ENFRENTAMOS SITUAÇÕES NA VIDA que nos deixam perplexos e cheios de interrogações. Há perguntas difíceis de responder. Há questionamentos para os quais não temos uma resposta clara. Algumas vezes parece que a fé está contra a fé e a Palavra de Deus está contra a Palavra de Deus. Vejamos quais são as tensões que Mateus 14:22-33 nos apresenta.

1. A TENSÃO DE FAZER O QUE JESUS MANDA E ENFRENTAR, MESMO ASSIM, UMA TEMPESTADE (MATEUS 14:22-24)

Jesus não pediu, não sugeriu, nem aconselhou os discípulos a passar para o outro lado do mar. Ele os compeliu (Mateus 14:22). Os discípulos não tinham opção. Deviam obedecer prontamente, imediatamente. Agora, o mínimo que eles esperavam era uma viagem segura e uma chegada certa. Mas, mesmo obedecendo a Jesus, eles são colhidos por uma terrível e ameaçadora tempestade. Como entender isso? Isso gera outras dúvidas:

- Por que Deus permite ventos contrários na vida daqueles que estão cumprindo a sua vontade?

- Por que fatos dramáticos, crises medonhas, tempestades devastadoras, acidentes dolorosos acontecem na vida daqueles que estão fazendo o que Jesus ordenou?

É fácil entender a tempestade que alcançou o profeta Jonas quando fugia para Társis. Deus mandou a tempestade atrás dele para colocá-lo de volta no caminho da obediência. Mas, agora, os discípulos enfrentam uma tempestade não porque estão na rota da fuga, mas porque obedecem a uma ordem expressa de Jesus. É mais fácil pensar que a obediência tem sempre recompensa imediata. Mas como conciliar a vontade de Deus com a crise que se instala em nossa vida? Como conciliar a ordem de Jesus com os perigos que conspiram contra nós, no exato momento em que estamos fazendo o que ele nos ordenou?

Os teólogos da prosperidade ficariam engasgados com esse texto. Eles não teriam resposta para esta tensão. Segundo eles, os que creem em Deus e obedecem à sua palavra não ficam doentes nem sofrem as mazelas da pobreza. Eles afirmam que os problemas da vida nos açoitam como resultado de nossa incredulidade ou desobediência. Isso é um terrível engano!

A diferença entre um crente e um ateu não se revela nas circunstâncias, ou seja, no que acontece em suas vidas. O crente sofre os mesmos problemas que um não crente. Ele fica doente, desempregado e enlutado do mesmo jeito. A diferença entre um e outro não são as circunstâncias, mas o fundamento sobre o qual cada um constrói a sua vida.

No término do sermão do monte, Jesus afirmou que só existem dois tipos de pessoas no mundo — aquelas quem ouvem e obedecem, e aquelas que ouvem e desobedecem:

> *Todo aquele, pois, que ouve estas minhas palavras e as põe em prática será comparado a um homem prudente, que edificou sua casa sobre a rocha. E a chuva caiu, os rios se encheram, os ventos sopraram e bateram com força contra aquela casa; contudo ela não caiu, porque estava alicerçada na rocha. Mas todo aquele que ouve estas minhas palavras e não as põe em prática será comparado a um homem insensato, que edificou sua casa sobre a areia. E a chuva caiu, os rios se encheram, os ventos sopraram e bateram com força contra aquela casa; e ela caiu; e a sua queda foi grande.* (Mateus 7:24-27)

O divisor de águas entre elas não são os fatos circunstanciais, mas o fundamento sobre o qual edificaram suas vidas. Uma edificou sobre a rocha; a outra, sobre a areia. Contudo, em ambas as casas, caiu a mesma chuva no telhado, soprou o mesmo vento contra a parede, e os mesmos rios solaparam os alicerces. Uma caiu, e a outra ficou de pé.

O cristão não é poupado *dos* problemas, mas *nos* problemas. Vida cristã não é colônia de férias. Vida cristã não é sala *vip*. Andar com Deus não é pisar tapetes aveludados. Obedecer a Deus não é viver dentro de uma redoma de vidro, numa cálida incubadora espiritual. O cristianismo não é uma apólice de seguros contra os perigos da vida. Neste mundo vamos ter aflições. Aqui é lugar de guerra. Aqui é campo de batalha.

Davi foi ungido rei de Israel por ordenança divina (1Samuel 16:1,11-13). Mas, em vez de levá-lo ao trono, sua unção conduziu-o à escola do sofrimento. O Davi que até então vivia pacatamente nas montanhas de Belém precisa agora fugir da fúria insana de Saul, que o persegue por cidades, campos e cavernas. A bonança tornou-se tempestade. Deus estava tratando com Davi, burilando-o e quebrantando-o, tirando o Saul que havia no coração dele, antes de colocá-lo no trono de Saul.

Nós não aprendemos as grandes lições da vida em dia de festa. O sofrimento é a escola superior do Espírito Santo que nos gradua para uma vida de obediência. O próprio Filho de Deus aprendeu pelas coisas que sofreu (Hebreus 5:8). Davi até poderia questionar a fidelidade, o cuidado e a proteção de Deus. Mas as tempestades são necessárias para consolidar a nossa fé. As tempestades não aparecem em nossa vida para nos destruir, mas para nos exercitar e nos deixar mais firmes.

Barnabé e Saulo estavam servindo ao Senhor na igreja de Antioquia da Síria. Enquanto oravam e jejuavam, o Espírito Santo disse à igreja: *Separai-me, agora, Barnabé e Saulo para a obra a que os tenho chamado* (Atos 13:2). A igreja ouviu a voz do Espírito, atendeu e comissionou os dois obreiros para a obra missionária. Eles foram chamados, enviados e direcionados pelo Espírito. Contudo, ao chegar em Listra, Paulo foi apedrejado e arrastado da cidade como morto (Atos 14:19). Poderíamos questionar:

- Se Paulo estava fazendo o que Deus mandou, por que o Senhor não o livrou dos maus?
- Por que não o poupou do apedrejamento?
- Como conciliar a obediência a Deus com esse incidente tão grave?

Paulo não estava no campo missionário por vontade própria. Ele não estava fazendo turismo. Estava fazendo o que Deus mandou, no lugar que o Senhor mandou, e ainda assim enfrentou terrível oposição. Paulo poderia entrar em crise. Poderia questionar o amor de Deus ou até mesmo o poder de Deus. Mas, na verdade, Paulo não faz esses questionamentos. Os problemas da vida não são evidências da ausência de Deus. As tempestades da vida não são negação do amor divino. Os ventos contrários não anulam o poder de Deus.

Paulo está pronto para a segunda viagem missionária. Ele quer ir para a Ásia, mas o Espírito de Deus o impede (Atos 16:6). Há um chamado específico para ele ir à Europa (Atos 16:9), e ele atende prontamente (Atos 16:10). O que Paulo poderia esperar era um trabalho próspero e tranquilo. Mas, em Filipos, província romana na Europa, ele é apanhado e surrado em praça pública. Seu corpo fica ensanguentado. Levam-no para o cárcere interior da prisão juntamente com Silas. Ali não havia luz nem ar fresco. Eles ficam no tronco, amarrados, machucados e ultrajados. Isso levanta mais perguntas:

- Onde estava Deus na hora em que esses missionários apanhavam em praça pública?
- Se Deus é amor, por que lhes permite sofrer?
- Se tem poder, por que não os livra das mãos dos seus adversários?
- Se eles estavam obedecendo a Deus e fazendo o que ele mandou, por que estão sendo açoitados e lançados no fundo de uma cadeia?
- Como conciliar a ordem de Jesus com as circunstâncias adversas?

Esta é, de fato, uma grande tensão na caminhada da vida: Como podemos entender o fato de alguém estar no centro da vontade de Deus, cumprindo uma ordem de Deus e ao mesmo tempo enfrentar tempestades na vida?

Paulo está preso em Jerusalém. Os judeus conspiram contra ele para matá-lo. Deus aparece a Paulo de noite e lhe diz: *Coragem! Pois do modo por que deste testemunho a meu respeito em Jerusalém, assim importa que também o faças em Roma* (Atos

23:11). Era da vontade de Deus que Paulo fosse a Roma. Mas, quando Paulo viaja para Roma, ele enfrenta um terrível naufrágio. A viagem sofre toda sorte de problemas: ventos contrários (Atos 27:4), ventos parados (Atos 27:7), tufão (Atos 27:14,15), escuridão (Atos 27:20). Os 276 passageiros se desesperam. A esperança de livramento morre no coração deles. A morte os ameaça com grande pavor. Toda a carga do navio precisa ser jogada fora. O próprio navio fica todo despedaçado. Todos os passageiros são salvos, mas o navio fica todo quebrado (Atos 27:42-44). Agora, poderíamos perguntar:

- Se era da vontade de Deus que Paulo fosse a Roma, por que a viagem foi tão atribulada?
- Como conciliar a ordem de Deus com a tempestade?
- Como conciliar a obediência à vontade de Deus com circunstâncias tão devastadoras?

Talvez esta seja a grande tensão da sua vida: você é fiel a Deus, anda com ele e o obedece, mas está enfrentando uma infinidade de problemas em sua vida. Há doença em sua família, há desemprego em sua casa. Acidentes terríveis ceifaram a vida de pessoas amadas do seu coração. A dor da saudade ainda aperta o seu peito quando você se lembra do ente querido que foi arrancado dos seus braços, a despeito das suas fervorosas orações.

No Salmo 73, Asafe mostra essa mesma tensão apertando o seu peito, ferindo a sua alma. Ele era um homem temente a Deus. Conservava puro o coração. Lavava as mãos na inocência (Salmos 73:13). Mas, a despeito de andar com Deus continuamente, era afligido e a cada manhã era castigado (Salmos 73:14). Ademais, ele olhava ao seu redor e via a prosperidade do ímpio, que, mesmo na sua rebeldia contra Deus, parecia viver tranquilamente, com fartura, saúde e muitos amigos (Salmos 73:3-12). Asafe entrou em crise (Salmos 73:2,3). Era o poder dessa tensão esmagando o seu peito. Como conciliar vida santa e obediência a Deus com pobreza, doença, desemprego, escassez e castigo? Como você tem enfrentado essa tensão na sua caminhada? Ao entrar na Casa de Deus e atinar para o fim do ímpio, Asafe compreendeu que ele estava sendo embrutecido (Salmos 73:17-22), pois a aparente tranquilidade do ímpio é uma falsa segurança, mas aquele que tem Deus, anda com ele e o obedece está seguro e salvo mesmo nas adversidades (Salmos 73:23-28).

2. A TENSÃO DAS NOSSAS URGENTES NECESSIDADES E A DEMORA DE DEUS

Aqueles discípulos passavam por horas amargas, de grande desespero, procurando remar contra a maré. O mesmo mar, tão conhecido deles, está agora irreconhecível. O inesperado mostra seu lado sombrio. O trivial, o comum, o corriqueiro transforma-se num monstro indomável. O mar está agitado, as ondas estão furiosas, o vento assobia com força irresistível. O barco é sacudido com violência pela fúria das ondas revoltas. Todo o esforço de romper a tempestade torna-se nulo. Nesse momento de pavor, de aperto, de medo, os discípulos esperam pela presença de Jesus, mas ele não chega; pelo contrário, os problemas se agravam. Esta é uma grande tensão da vida: a demora de Deus.

- Como reconhecer o amor de Deus se, no momento da aflição mais agônica, ele não chega?
- Como conciliar o poder de Deus com a perpetuação da crise que nos cerca por todos os lados?
- Como conciliar a fé no Deus que intervém, quando o mar da vida fica cada vez mais agitado, a despeito de todos os nossos esforços?
- Como conciliar o nosso sofrimento com o amor de Deus?
- Se ele nos ama, por que demora em vir ao nosso socorro?
- Se ele se importa conosco, por que não nos atende na mesma hora que clamamos?
- Se ele nos ama, por que esgotamos todos os nossos recursos, entrando madrugada adentro, na história da nossa vida, sem perceber a sua presença libertadora ao nosso lado?

Oh! Essa é uma terrível tensão que o texto de Mateus 14:22-33 nos mostra.

É interessante observar outro exemplo: a família de Betânia. Jesus gostava de hospedar-se na casa de Marta, Maria e Lázaro. Certo dia, porém, Lázaro ficou doente e Jesus não estava com eles. As duas irmãs mandaram um recado a Jesus: *Senhor, está enfermo aquele a quem amas* (João 11:3). Elas fundamentaram o pedido não apoiadas no amor delas ou de Lázaro por Jesus, mas no amor de Jesus por Lázaro. Quem ama tem pressa em socorrer a pessoa amada. Quem ama se importa com o objeto do seu amor. Quem ama tem tempo para a pessoa amada. Marta e Maria não tinham dúvida de que Jesus viria socorrê-las. Creio até mesmo que a maior aflição daquelas duas irmãs era ter de responder aos amigos que as interpelavam:

- "E aí, será que Jesus não vem?"
- "Por que ele ainda não chegou?"
- "Será que ele é mesmo amigo de Lázaro, a ponto de mudar o roteiro da sua agenda para atendê-lo?"
- "Será que ele vai chegar de fato em tempo oportuno?"
- "Por que ele ainda não veio?"
- "Por que ele está atrasado?"

Creio que Marta e Maria responderam a essas perguntas com segurança: "É claro que Jesus virá. Ele nunca falhou conosco. Ele vai chegar. Ele nunca chegou atrasado. Estamos certas de que ele nos ama. Ele não vai nos decepcionar". Mas o tempo estava passando e Lázaro ficava cada vez pior. Os amigos pressionavam ainda mais Marta e Maria com perguntas perturbadoras. Elas olhavam nas curvas do caminho e nada. O coração delas foi se enchendo de sombras. A angústia tomou conta delas. Até que alguém chegou e lhe disse: "Vocês não precisam mais esperar Jesus. Lázaro acabou de morrer. Agora é tarde demais". Marta ficou engasgada com essa situação. Lázaro foi sepultado, e nada de Jesus chegar. Os amigos certamente tentaram dar mil explicações àquelas duas irmãs sobre as razões da morte de Lázaro, mas havia no coração delas um misto de tristeza e revolta:

- Por que Jesus não veio no mesmo instante em que foi avisado?
- Por que ele não apareceu quando mais elas precisavam dele?
- Por que Jesus só tomara parte dos momentos de alegria, mas na hora do aperto se ausentara?

Todas essas coisas fervilhavam na mente de Marta. Depois de quatro dias de luto, Jesus aparece na aldeia de Betânia. Marta corre ao seu encontro e, antes de dizer "Bom dia!", logo despeja sua amargura, sua inconformidade: *Senhor, se estiveras aqui, não teria morrido meu irmão* (João 11:21). Em outras palavras, Marta estava dizendo a Jesus: "O senhor chegou tarde demais. O senhor não nos socorreu na hora da nossa aflição". Está embutido nessa censura de Marta um profundo questionamento do amor de Jesus. A fé no coração de Marta começa a naufragar, pois ela já não consegue mais crer que Jesus pudesse agir naquele momento (João 11:23-26). Marta está tão machucada que não pode mais crer na intervenção sobrenatural de Jesus (João 11:39,40). Marta diz a Jesus que o tempo dele havia passado. Lázaro estava sepultado havia quatro dias e já cheirava mal. Nada mais podia ser feito. Marta limita o poder de Jesus. Marta descrê do poder sobrenatural do Senhor. Marta está remoendo o seu grande conflito, a terrível tensão de conjugar as suas gritantes necessidades com a demora de Jesus.

Por que Jesus esperou até o quarto dia? A distância entre Betânia e o lugar onde Jesus estava dava um dia de viagem. Então, o emissário sai, viaja o dia todo e entrega a Jesus o recado de Marta. Jesus diz a ele para ir e dizer a Marta que aquela enfermidade não era para morte, e sim para a glória de Deus. Jesus fica mais dois dias onde estava. Só então vai a Betânia. Ao chegar lá, Lázaro já estava morto e sepultado havia quatro dias. O que depreendemos disso? Lázaro morreu no mesmo dia em que o emissário saiu de Betânia para dar o recado de Marta. Quando ele volta no segundo dia, trazendo a informação para Marta de que aquela enfermidade não era para morte, e sim para a glória de Deus, Lázaro já estava morto e sepultado havia dois dias. Veja o nó que essa informação deu na cabeça de Marta. Quando Jesus chega no quarto dia, Lázaro já está sepultado exatamente há quatro dias.

Mas por que Jesus não veio no segundo ou no terceiro dias? Porque havia uma crença entre os rabinos judeus de que um morto poderia ser ressuscitado até ao terceiro dia, mas, depois do quarto dia, impossível. Nenhum homem, por mais piedoso que fosse, poderia ser usado para ressuscitar um morto depois do quarto dia. Somente Deus em pessoa poderia fazer isso. Jesus espera até o quarto dia, para que ficasse notório que ele não era apenas um grande homem, mas o próprio Deus entre os homens.

Concordo com o grande pensador cristão C. S. Lewis, que afirmou que, em relação a Jesus, só podemos ter três possibilidades:

1. *Mentiroso.* Se ele não é quem disse ser, então é um mentiroso.
2. *Lunático.* Se ele não é quem pensou ser, então é um lunático.
3. *Deus.* Mas, se ele é quem disse ser, então ele é Deus. Jesus disse: *Eu e o Pai somos um* (João 10:30) e *Quem me vê a mim vê o Pai* (João 14:6).

Ninguém pode afirmar, de forma coerente, que acredita que Jesus foi um grande profeta ou um espírito iluminado sem acreditar que ele é Deus. Pois alguém que mentiria sobre sua própria identidade não poderia ser um profeta nem um espírito iluminado. Só nos resta esta possibilidade: ele é Deus — Deus de Deus, luz de luz, coigual, coeterno e consubstancial com o Pai.

Antes de censurar Marta, devemos sondar melhor o nosso próprio coração. Quantas vezes também enfrentamos o mesmo dilema. À semelhança dos filhos de Coré (Salmos 42:3-10), muitas vezes, diante das nossas crises, dos nossos vales de dor, das nossas perdas e dos reveses que desabam sobre nós, as pessoas nos cercam, nos encurralam e nos atingem com perguntas que nos ferem mais do que espada:

- Onde está o teu Deus?
- Se Deus se importa com você, por que você está passando por problemas?
- Se Deus ama você, por que você está doente?
- Se Deus é realmente fiel, por que você está desempregado?
- Se Deus satisfaz todas as suas necessidades, por que você está sozinho, nos braços da solidão?
- Se Deus é bom, por que ele não poupou você do acidente?

- Se Deus é Pai e não quer vê-lo sofrendo, por que a pessoa que você tanto ama morreu?

Essas são tensões dramáticas que vivenciamos na caminhada da vida.

Talvez agora mesmo, enquanto você lê estas páginas, sua alma esteja sendo batida por um furioso vendaval. E o que mais angustia você não é a tempestade em si, mas a demora de Jesus em socorrê-lo. Talvez você esteja orando por um assunto há vários anos e, quanto mais ora, mais o problema se agrava. Talvez o seu drama seja que as pessoas que cercam você o colocam contra a parede, perguntando: "O seu Deus, onde está?" Talvez você esteja enfrentando o mesmo problema que Ana sofreu. Ela era uma mulher fiel a Deus, piedosa, mas estéril. O próprio Deus a havia deixado estéril, impedindo-a de engravidar (1Samuel 1:5,6). Penina, sua rival, a provocava excessivamente para irritá-la, pelo que Ana não comia e se entregava ao choro. Diante desse quadro, o questionamentos humanos são inevitáveis:

- Como entender isso?
- Por que alguém que não ama a Deus tem saúde, filhos, privilégios, e aqueles que andam com Deus são privados dessas bênçãos?
- Por que Deus adia os sonhos legítimos dos seus filhos?
- Por que Deus permite que aqueles que o amam sofram vergonha?

Na verdade, a demora de Deus na vida de Ana tinha um propósito elevado. Deus adiou o sonho de Ana ser mãe porque os sonhos dele para ela eram maiores do que os dela para si mesma. Ana queria apenas ser mãe, nada mais que isso, mas o plano de Deus é que ela fosse mãe do maior profeta, sacerdote e juiz daquela geração.

Guarde estas verdades em sua mente e em seu coração:

- Quando Deus parece distante, ele está mais perto do que somos capazes de imaginar.
- Quando Deus parece indiferente, está trabalhando em nosso favor (Isaías 64:4).
- Quando Deus parece atrasado, está preparando algo maior e melhor para nós.

Jesus não chegou atrasado ao lar de Betânia. A enfermidade de Lázaro não foi para morte, mas para a glória de Deus. A glória de uma ressurreição é maior do que a de uma cura. A ressurreição de um morto de quatro dias é maior do que a ressurreição de uma pessoa que acabou de morrer. Jesus não chegou atrasado ao mar da Galileia. Ele sempre chega na hora certa.

José, filho de Jacó, era odiado pelos irmãos, que o invejavam. Eles tramaram contra a sua vida. Jogaram-no em uma cova. Tiraram-no de lá e o venderam como escravo. Ainda adolescente, José foi levado para o Egito e novamente vendido, desta vez para Potifar, um alto oficial da corte egípcia. Ali, foi injustamente acusado pela mulher do seu senhor e lançado na prisão, onde foi esquecido pelo seu companheiro de infortúnio, o copeiro-mor do faraó. José pediu que ele intercedesse junto ao faraó em seu favor, a fim de que saísse daquele claustro. Mas o inocente José mofou na cadeia mais dois anos. Outra vez, nos perguntamos:

- Por que Deus demorou em tirar aquele jovem íntegro da prisão?
- Por que Deus não o socorreu, quando ele esperava por livramento?
- Por que Deus tardou em ouvi-lo?
- Por que o justo sofre?
- Por que o inocente padece nas mãos dos maus?
- Por que a retidão às vezes parece não ter recompensa?
- Por que aqueles que tentam a Deus escapam, e os íntegros sofrem danos por obedecerem a Deus?
- Por que Deus parece demorar em livrar aqueles que esperam nele?

Deus não tirou José da prisão no tempo em que ele desejou sair, porque, se o fizesse, o máximo que José teria conseguido na vida era ser um lavador de copos no palácio do faraó. Deus o deixou mais dois anos na prisão para fazer dele o governador do Egito. Os pensamentos de Deus são maiores do que os nossos. Quando pensamos que Deus está longe, ele está muito perto. Quando pensamos que Deus está demorando, ele está trabalhando em nosso favor. Deus cavalga sobre os céus para a nossa ajuda (Deuteronômio 33:26). Deus trabalha para aquele que nele espera (Isaías 64:4).

3. A TENSÃO DO CLAMOR HUMANO E O SILÊNCIO DE DEUS

Aqueles discípulos já haviam enfrentado outra tempestade no mar (Mateus 8:23-27), mas Jesus estava com eles. Eles clamaram ao mestre, que prontamente os socorreu. Mas agora eles estão sozinhos. O mar fica empolado. O vento rijo sopra com fúria. O barco é chicoteado pelas ondas. O pavor começa a inundar o coração deles. Os discípulos clamam, mas Jesus não está com eles. Eles remam com toda a virilidade e destreza, mas o barco não segue o rumo desejado. Eles fazem o máximo esforço, mas o barco ainda rodopia no meio do mar, no epicentro do perigo. Eles gritam por socorro, mas só escutam o barulho da tempestade. Oram, mas só encontram como resposta o silêncio. Esse certamente é um momento de grande tensão.

Você já viveu a experiência de passar por uma tempestade e orar, e só escutar o silêncio de Deus? Você já passou por vales escuros e teve a sensação de que, quanto mais orava, mais as coisas se agravavam? Você já teve a sensação de clamar a Deus com todas as forças da sua alma sem obter resposta alguma?

Um dos grandes dilemas da vida cristã é o silêncio de Deus. Muitas vezes, o Deus que fala poderosamente fica em silêncio. O silêncio dele grita mais alto em nossos ouvidos do que o barulho mais ruidoso das circunstâncias mais adversas. Quando Deus fica em silêncio, as vozes da dúvida gritam dentro de nós. O povo de Israel passou quatrocentos anos no Egito. Grande parte desse tempo sob cativeiro opressor. O povo clamou a Deus. Muitos clamaram a vida inteira e não viram o braço libertador do Senhor. Muitos oraram a vida toda e só ouviram o barulho dos chicotes estalando em suas costas. Muitos clamaram com lágrimas e só ouviram o silêncio do céu. Até que um dia o clamor do povo penetrou os ouvidos de Deus e ele desceu para libertá-lo do jugo opressor (Êxodo 3:7-10).

Essa tensão é intensamente retratada na vida de Jó. Ele foi atingido violentamente por ondas furiosas. Com a permissão de Deus, Satanás usou todas as suas armas para bombardear e ferir Jó. Houve uma orquestração do inferno contra o justo Jó, uma conspiração tenebrosa para ridicularizar esse homem íntegro, reto e temente a Deus.

O diabo, na sua perversidade, atingiu cinco áreas vitais na vida de Jó.

1. *Levou-o à falência financeira.* Jó, homem riquíssimo, tornou-se pobre, falido, financeiramente quebrado. Jó era o maior fazendeiro do Oriente. Possuía o maior rebanho. Era dono de muitas terras. Tinha muitos empregados. Era um próspero e poderoso empresário (Jó 1:3). Mas tudo isso acabou de uma hora para outra. Seus bens foram saqueados, roubados, queimados, e seus servos foram mortos. Jó precisou decretar falência. Entrou em colapso financeiro. Foi à bancarrota (Jó 1:14-17).

2. *Atingiu os filhos de Jó.* Ele era um pai zeloso, que criara os dez filhos unidos. Inspirara neles as virtudes do companheirismo e da amizade. Jó velava pela vida espiritual de seus filhos. Orava por eles de madrugada e oferecia sacrifícios a Deus em favor deles (Jó 1:4,5). Mas, depois de saber de sua derrocada financeira, esse homem íntegro recebeu a trágica notícia da morte de seus dez filhos num único acidente (Jó 1:18,19). Esse pai, com o coração sangrando de dor, com o rosto molhado de lágrimas, precisou levar para o cemitério os seus dez filhos de uma só vez. Ao voltar falido para casa, teve ainda de conviver com a dor da saudade, com o vazio da solidão e com as lágrimas que não cessavam de

rolar pelo seu rosto. Não é natural os pais enterrarem os filhos. Como Jó retornará para casa? Como se levantará do luto? Como se erguerá das cinzas? Como escreverá dali para a frente o seu futuro?

3. *Atingiu a saúde de Jó*. Ele queria que Jó blasfemasse contra Deus. Queria que Deus se decepcionasse com Jó. Pensou que Jó amasse mais a si mesmo do que a Deus. Achou que Jó fosse egoísta como ele. Satanás empregou toda a sua perversidade para causar o máximo sofrimento em Jó. Lançou sobre aquele homem uma terrível doença. Ele feriu Jó da cabeça aos pés com uma chaga maligna. A pele de Jó apodrecia enegrecida. Os tumores cheios de pus vazavam, exalando um cheiro repugnante. Jó se transformou numa carcaça humana, numa chaga viva, numa ferida aberta. Seu corpo apodrecia a olhos vistos. Jó foi parar no lixão da cidade. Seu único alívio era um caco de telha com que ele raspava a pele enrugada. Seu corpo ficou ressequido. Seu hálito, insuportável. Sua dor não passava. Ele não podia dormir nem comer. Seus olhos estavam sempre inchados de tanto chorar. Jó ficou magro, magérrimo, de couro furado pelas costelas em ponta. Era um espectro humano, uma coisa medonha!

4. *Levou a mulher de Ló a se rebelar contra Deus*. Jó sofreu o abalo da revolta de sua mulher

contra o Senhor. Ela não conseguiu administrar a crise, atravessar o vale do sofrimento crendo no amor de Deus. Cerrou os punhos contra os céus e se revoltou contra Deus. Decepcionou-se com o Senhor e tentou arrastar seu marido na torrente de sua incredulidade. Ela apostatou de Deus e mergulhou-se no poço escuro da amargura espiritual. Aconselhou Jó a aplicar a si mesmo a eutanásia, tentou induzi-lo ao suicídio; mas antes recomendou que amaldiçoasse a Deus (Jó 2:9).

5. *Jó enfrentou a acusação leviana e falsa de seus amigos.* Eles vieram de longe para estar com ele e consolá-lo (Jó 2:11). Demonstraram empatia, pois choraram ao ver seu sofrimento (Jó 2:12,13). Mas esses homens, embora demonstrassem solidariedade, tinham uma má teologia. Acreditavam que todo o sofrimento é resultado de um pecado específico. Raciocinaram então que, se Jó estava sofrendo, era porque havia cometido algum pecado. Logo começaram a acusar Jó de vários pecados graves: chamaram-no de tagarela, adúltero, ladrão, injusto, desonesto e também de ter enriquecido ilicitamente. Os amigos de Jó transformaram-se em algozes. Aumentaram-lhe o sofrimento. Foram apressados em suas conclusões e falsos em suas acusações. Usaram palavras descaridosas. Podiam até estar bem-intencionados, mas possuíam

uma teologia equivocada e eram péssimos intérpretes da Palavra de Deus. Tornaram-se consoladores molestos.

O que é tremendo nessa história é que dezesseis vezes Jó levantou ao céu o seu clamor, perguntando a Deus:

- Por quê?
- Por que estou sofrendo?
- Por que a minha dor não cessa?
- Por que não morri no ventre da minha mãe?
- Por que não morri ao nascer?
- Por que os seios da minha mãe estavam murchos de leite para eu morrer de fome?
- Por que o Senhor não me mata?

A única resposta que ele recebeu foi o silêncio de Deus. Nenhuma palavra. Nenhuma explicação. Nenhuma luz no fim do túnel. Nenhum sinal do seu favor. Nada. Trinta e quatro vezes Jó queixou-se contra Deus. Ele espremeu todo o pus da sua alma. Deixou vazar toda a amargura do seu peito. Abriu as cavernas escuras do seu coração e não reprimiu os sentimentos turbulentos que se agitavam dentro dele como um vulcão efervescente. Mas os céus permaneceram em silêncio diante dos seus gemidos. Não houve nenhuma resposta de Deus diante das suas queixas.

Talvez a maior angústia de Jó não fosse o seu sofrimento, mas o silêncio de Deus. Talvez a sua maior crise não fosse a adversidade, mas não receber nenhuma explicação de Deus. O silêncio de Deus...

- Dói mais que as feridas.
- É mais forte que os gritos da nossa alma.
- É mais intenso que a tempestade que nos rodeia.
- Atinge-nos mais que a língua dos nossos acusadores.
- É mais eloquente que a voz da tempestade.

Quando Deus rompeu o silêncio e começou a falar, não respondeu a nenhuma das perguntas de Jó. Muitas vezes, não temos explicações nem respostas às nossas perguntas e aos nossos questionamentos. Em vez de Deus responder a Jó, ele lhe fez setenta perguntas *Quem...?* (Jó 38—41). Todas elas mostravam a sua majestade, soberania e glória excelsa. Jó não precisava saber o porquê. Bastava-lhe saber quem estava no controle da sua vida. Mesmo quando as brumas embaçam nossos olhos e no meio do nevoeiro somos incapazes de enxergar uma luz no fim do túnel, importa-nos saber que é Deus que tem nas mãos o leme da nossa vida. O nosso maior consolo não é a explicação para os nossos dilemas,

mas a consciência de que Deus está no controle. Sabemos que...

- A nossa vida está segura nas mãos daquele que dirige o universo.
- Todas as coisas cooperam para o nosso bem.
- Satanás está no cabresto de Deus.
- Deus transforma em bênção todo o mal que o inferno intenta contra nós.

Jó saiu dessa dolorosa experiência mais próximo de Deus. Reconheceu a sua indignidade diante da grandeza divina (Jó 40:3,4); compreendeu que os planos soberanos de Deus não podem ser frustrados (Jó 42:2). Ele admitiu que, na sua angústia, falou muita coisa sem entendimento (Jó 42:3). Jó confessou que antes só conhecia a Deus de ouvir falar, mas agora, ao passar pelo vale das provas, tinha uma experiência profunda com o Senhor (Jó 42:5,6). Deus reverteu tudo quanto Satanás intentou fazer contra Jó. O justo Jó saiu dessa tempestade mais fortalecido na fé e mais próximo de Deus. Além disso, Deus devolveu a Jó tudo aquilo que Satanás lhe havia roubado. Deus restaurou a sorte de Jó (Jó 42:10). Restaurou-lhe os bens e deu-lhe o dobro de tudo quanto outrora possuía (Jó 42:12). Recuperou-lhe a saúde e concedeu-lhe mais 140 anos, para que Jó pudesse ver seus filhos e os filhos de seus filhos, até a quarta geração (Jó 42:16). Deus reconstruiu o casamento de Jó (Jó 42:13) e seus filhos (Jó 42:13-16). Jó tinha dez filhos no céu e dez filhos na terra. Deus restituiu os amigos de Jó, quando este orou em favor deles (Jó 42:7-9).

Aprendemos com essa história que o silêncio de Deus é pedagógico. Sempre que ele fica em silêncio é porque nos quer ensinar verdades sublimes. O silêncio de Deus não significa distância nem indiferença. Ele não deixa de velar por nós e de nos cercar com o seu cuidado quando está em silêncio. Jesus não estava indiferente ao clamor dos discípulos no mar da Galileia. Ele estava no monte orando por eles. Hoje, Jesus está à destra do Pai intercedendo por nós. Mesmo quando não ouvimos a sua voz, ele está intercedendo ao Pai em nosso favor. Isso nos basta!

POR QUE JESUS NOS MANDA CAMINHAR NA DIREÇÃO DA TEMPESTADE?

Jesus sabe todas as coisas. Ele é Deus. É onisciente. Tudo está sob o seu total controle. Ele sabia o que estava fazendo. Já tinha visto aquela tempestade. Aquela borrasca não estava fora do seu controle. Ele sabia o que estava prestes a acontecer. Mas por que ele compeliu os discípulos a atravessar o mar?

Porque ele queria poupá-los de uma grande tentação

A multidão que viu o milagre da multiplicação dos pães e dos peixes no deserto queria proclamar

Jesus rei (João 6:15). Os judeus viviam uma situação social asfixiante. A pobreza os estrangulava. Aquele era um tempo de crise. A fome era uma realidade implacável. A nação judaica estava debaixo de um jugo opressor. O povo aguardava a hora de despedaçar os grilhões de Roma; sonhava com um tempo áureo em que a nação de Israel seria o centro político do mundo. Um Messias operador de milagres era tudo o que eles desejavam. Um Messias vencedor, poderoso e com poderes miraculosos seria o melhor perfil de um rei para eles. Por isso, quando viram Jesus multiplicando os pães e os peixes, procuraram fazê-lo rei. Mas Jesus foge dessa proposta. Aliás, o diabo já o havia tentado com a mesma oferta (Mateus 4:3). O povo está sendo aqui massa de manobra nas mãos do diabo para tentar Jesus. A proposta era que Jesus fosse um Messias político, restrito às causas sociais, o Deus da panela cheia, e não o Messias do Calvário. Jesus não queria que seus discípulos fossem partidários e defensores da teologia social, dessa visão puramente horizontal. Mais tarde, quando Pedro persistiu nessa proposta, tentando afastar Jesus da cruz, ele o repreendeu com firmeza: *Arreda, Satanás! Tu és para mim pedra de tropeço, porque não cogitas das coisas de Deus, e sim das dos homens* (Mateus 16:23). Jesus chamou de satânica essa visão de um evangelho sem cruz.

Jesus mandou seus discípulos ao mar cheio de tempestade para poupá-los da tentação satânica de um evangelho sem cruz. Caem em cilada perigosa aqueles que subscrevem uma teologia puramente social. Servem aos interesses do maligno aqueles que substituem a cruz pelo evangelho social. Os milagres são uma confirmação do evangelho, mas não um substituto do evangelho. Cristo operou milagres não para que eles fossem um fim em si mesmos. Eles abriam caminho para realidades superiores, a realidade espiritual.

Porque Jesus, antevendo o perigo iminente, queria estar na presença do Pai, em oração pelos discípulos

Há três coisas dignas de nota nessa atitude do Senhor.

1. *Jesus ora num dia de cansaço e abatimento* — eles não tinham tempo para descansar nem para comer, mas Jesus encontra tempo para orar.
2. *Jesus ora longe dos holofotes* — ele não se ajoelhou no meio da multidão para orar. Oração não é ostentação de espiritualidade; não é religiosidade cênica. Jesus procurou um monte, distante dos olhares da multidão, para orar (João 6:15; Mateus 14:23). Ele queria estar sozinho com o Pai. Queria estar na intimidade do Pai nessa hora de aflição e tentação.

3. *Jesus ora nos momentos críticos* — os discípulos enfrentavam dificuldades, mas Jesus estava orando por eles. Jesus os vê no meio do mar revolto (Marcos 6:46-48) e cobre-os com a sua eficaz intercessão. Jesus sempre está olhando para nós. Ele vê as tempestades que nos açoitam, o batel da nossa vida agitada pela fúria dos ventos contrários, o medo que invade o nosso coração e a turbulência da nossa alma nas noites longas e trevosas do sofrimento. Ele não está longe. Não está indiferente. Está velando por nós, intercedendo por nós. Hoje, Jesus está à destra do Pai, no trono da glória, intercedendo por nós. Ele é o nosso grande sumo sacerdote. Ele conhece nossas fraquezas e se coloca na brecha em nosso favor. Por isso, somos salvos. Por isso, somos libertos. Por isso, triunfamos mesmo nas tempestades da vida.

2

QUANDO JESUS CHEGA NAS TEMPESTADES DA VIDA

As TEMPESTADES SÃO IMPREVISÍVEIS e muitas vezes inevitáveis. Chegam de surpresa e, em geral, trazem na bagagem uma enxurrada de problemas que nos ameaçam. Os problemas são como as ondas do mar: vêm um atrás do outro. Muitas vezes, quando você tenta recuperar-se de um solavanco, outra onda chega, açoita você de novo e o joga ao chão. Porém, quando você já está esgotado, nocauteado, com a esperança morta, Jesus manifesta-se no cenário da sua vida. Quando as circunstâncias parecem inadministráveis, Jesus surge no horizonte da sua história. Quando você decreta a falência dos seus recursos, Jesus chega e põe um ponto final na crise.

Mateus 14:22-33 ensina-nos três lições.

1. JESUS SEMPRE VEM AO NOSSO ENCONTRO NA HORA DA CRISE

Jesus não chegou atrasado ao mar da Galileia. O seu socorro veio em hora oportuna. Aquela tempestade só tinha uma finalidade: levar os discípulos a uma experiência mais profunda com Jesus. As tempestades que Deus permite em nossa vida têm por objetivo nosso crescimento. Elas são pedagógicas.

Tonificam as musculaturas da nossa alma. A vida cristã não é uma estufa. Cristo não nos tira do mundo; ele nos guarda do mal. As tempestades são necessárias. Elas provam a nossa fé, trazem experiência para aqueles que singram as águas da vida e nos dão uma dimensão clara das nossas fraquezas e da onipotência de Jesus.

Não somos poupados das tempestades, mas temos livramento nas tempestades. Enfrentamos doenças, mas temos o óleo de Gileade como terapia. Cruzamos os vales da sombra da morte, mas temos a presença amiga e consoladora do divino pastor para nos encorajar. Passamos pelas ondas, pelos rios e até pelo fogo, mas o Senhor sempre aparece para nos livrar (Isaías 43:2). Jesus é o quarto homem na fornalha ardente (Daniel 3:24,25). O Senhor não nos livra da fornalha, mas nos salva do fogo da fornalha.

Jesus não chegou atrasado à casa de Marta e Maria. Ele chegou na hora certa. Jesus não vem ao nosso encontro no nosso tempo, dentro das demandas da nossa agenda. Ele sempre vem no tempo de Deus. Ele anda pela agenda do céu. Ele irrompe em nossa crise no *kairós* de Deus. Se Jesus tivesse chegado à casa de Marta e Maria no tempo delas, a história apenas testemunharia a cura de mais um enfermo. Mas, como ele chegou no tempo de Deus, o mundo pôde ouvir um fato inédito, insólito, a ressurreição de um homem sepultado havia quatro dias. A ressurreição é um milagre maior do que uma cura. A ressurreição de um corpo em estado de decomposição é um milagre maior do que a ressurreição de alguém que acabou de morrer. Jesus sempre vem ao nosso encontro, mas no seu tempo, de acordo com o seu plano e para realizar os seus propósitos.

Deus não chegou atrasado à prisão de José. A demora de Deus é a promoção do homem. Deus demorou porque estava pavimentando o caminho de José rumo ao trono do Egito. Os pensamentos de Deus são mais altos que os nossos. Os seus planos são inescrutáveis.

Deus não chegou atrasado em Siló. Ana estava deprimida, chorando, derramando a sua alma diante de Deus. O Senhor mesmo a havia deixado estéril e cerrado a sua madre (1Samuel 1:5,6). Mas a demora de Deus foi proposital. Os sonhos de Ana eram pequenos demais. Ela apenas queria ser mãe, mas o plano de Deus era que ela fosse mãe do maior profeta daquela geração. Deus estava preparando algo maior para ela. Por isso, o Senhor chegou no tempo certo em sua vida. Agora ela estava preparada não apenas para ser mãe, mas para consagrar o seu filho ao Senhor. Agora ela estava pronta para dedicar o melhor da sua vida a Deus. Agora ela podia devolver a Deus o filho que ele lhe deu.

Jesus sempre vem ao nosso encontro nas turbulências da vida. Ele se importa conosco e vela por nós. Sempre tem o melhor para nós. Jamais nos desampara.

Jairo era chefe da sinagoga. Sua filhinha de 12 anos estava gravemente enferma. Rompendo todos os seus preconceitos, Jairo foi buscar socorro em Jesus, que se dispôs prontamente a ir à casa daquele homem, mas, no meio do caminho, a multidão começou a apertá-lo. Uma mulher hemorrágica tocou as vestes de Jesus e foi curada do seu mal. Enquanto Jesus ministrava palavras de salvação àquela mulher, os servos da casa de Jairo chegaram e disseram: *Tua filha já morreu; por que ainda incomodas o mestre?* (Marcos 5:35). Mas Jesus imediatamente lhe disse: *Não temas, crê somente* (Marcos 5:36). Quando Jesus caminha conosco, não precisamos temer más notícias. A tempestade é real, os ventos são contrários, a doença é medonha, a morte mostra a sua carranca, mas nessas horas somos desafiados: *Não temas, crê somente*. Quando Jesus está conosco, não existe causa perdida. Quando Jesus está conosco, não precisamos impressionar-nos com os sinais da morte. Quando Jesus vai conosco, a morte não tem a última palavra.

2. JESUS VEM AO NOSSO ENCONTRO AINDA QUE NA QUARTA VIGÍLIA DA NOITE

A noite era dividida pelos judeus em quatro vigílias:

1. A primeira — das 6 horas da tarde às 9 horas da noite.
2. A segunda — das 9 horas à meia-noite.

3. A terceira — da meia-noite às 3 horas da madrugada.
4. A quarta — das 3 horas da madrugada às 6 horas da manhã.

Aqueles discípulos entraram no mar ao cair da tarde. Ainda era dia quando chegaram ao meio do mar (Marcos 6:47). De repente, o mar começou a empolar-se, agitado pelo vento rijo que soprava (João 6:18), e o barco foi açoitado pelas ondas (Mateus 14:24). Eles remaram com dificuldade do cair da tarde até as 3 horas da madrugada, e ainda estavam no meio do mar, no centro do problema, no lugar mais fundo, mais perigoso, sem nada avançar. Às vezes, temos a sensação de que os nossos esforços são inúteis. Remamos, corremos, lutamos, choramos, clamamos, jejuamos, mas o perigo não se afasta. Nessas horas, os problemas tornam-se maiores que as nossas forças. Sentimo-nos esmagados e achatados sob as dificuldades. Perdemos até mesmo a esperança do livramento. Mas, quando tudo parece perdido, quando chega a madrugada da nossa história, quando a noite se torna mais escura, quando nossas forças ficam absolutamente estioladas, Jesus aparece para pôr fim à nossa crise. Ele sempre vem ao nosso encontro, ainda que na quarta vigília da noite.

O Senhor deixou que Daniel fosse jogado na cova dos leões. Permitiu que Sadraque, Mesaque e Abede-Nego fossem atirados na fornalha. Consentiu que Pedro fosse lançado no cárcere. Contudo, no tempo de Deus, ele chega para trazer livramento. Ainda que seja na quarta vigília da noite, ele sempre vem em nosso socorro!

Há momentos, entretanto, em que Deus não nos livra *da* morte, mas *na* morte. Muitos mártires deram a vida por Cristo e preferiram morrer a apostatar. Selaram sua fé com o próprio sangue. Esses não foram derrotados, mas vencedores. Morrer com Cristo é lucro (Filipenses 1:21), é melhor (Filipenses 1:23), é estar com Cristo (2Coríntios 5:8), é precioso aos olhos de Deus (Salmos 116:15), é bem-aventurança (Apocalipse 14:13), é ser recebido na glória (Salmos 73:24).

3. JESUS VEM CAMINHANDO SOBRE AS ONDAS

Esse acontecimento extraordinário, milagroso, ensina-nos três lições acerca de Jesus.

1. Jesus nem sempre usa os meios convencionais para chegar à nossa vida e acalmar a nossa tempestade. Os discípulos já estavam amedrontados. A noite era escura. O mar estava furioso. Os ondas surravam o barco com excessivo rigor. O vento fuzilava com fúria, agitando as ondas. O naufrágio parecia inevitável. Eles estavam diante de uma catástrofe iminente. De repente, um vulto estranho se movimenta sob a tormenta,

caminha com firmeza e segurança sobre a superfície das águas. Jamais alguém vira algo semelhante. Os discípulos se apavoram e gritam: "É um fantasma!" Os discípulos esperavam Jesus, mas não daquele jeito. Esperavam vê-lo noutro barco, chegando por um caminho convencional. Mas Jesus nos surpreende e nos confronta com o novo. Ele quebra os nossos paradigmas. Aparece em nossa vida por caminhos nunca esperados.

2. Jesus mostra a sua autoridade e o seu poder sobre aquilo que aflige os seus filhos. As ondas representavam o perigo real que conspirava contra os discípulos. O mar se tornara o grande gigante que os ameaçava. A turbulência das águas era um monstro indomável. Quando Jesus aparece, subjuga aos seus pés aquilo que amedrontava os discípulos. Jesus é maior do que os nossos problemas. Ele calca aos pés as nossas tempestades. Ele está no total controle da situação. Aquilo que é maior do que as nossas forças e nos mete medo está literal e completamente debaixo dos pés de Jesus. Ele tem toda a autoridade e todo o poder no céu e na terra. Quem está com Cristo está do lado mais forte, do lado do vencedor. Se Deus é por nós, quem será contra nós?

3. Jesus faz da tempestade o seu caminho. Ele é soberano. Ele usa até os nossos problemas

para se aproximar de nós. *O Senhor tem o seu caminho na tormenta e na tempestade* (Naum 1:3). Às vezes, a tempestade é um instrumento de Deus em nossa vida. É o caminho pelo qual ele passa para chegar até nós. Com certeza, os seus caminhos não são os nossos caminhos. Os seus caminhos são mais elevados do que os nossos: *Porque os meus pensamentos não são os vossos pensamentos, nem os vossos caminhos, os meus caminhos, diz o* S<small>ENHOR</small>, *porque, assim como os céus são mais altos do que a terra, assim são os meus caminhos mais altos do que os vossos caminhos, e os meus pensamentos, mais altos do que os vossos pensamentos* (Isaías 55:8,9).

3

A INTERVENÇÃO DE JESUS NAS TEMPESTADES DA VIDA

JESUS SEMPRE VEM EM NOSSO SOCORRO, ainda que na quarta vigília da noite. Quando ele chega, nossos problemas ficam absolutamente subjugados debaixo dos seus pés. Mas o que Jesus faz quando aparece nas tempestades da nossa vida?

1. ELE VEM PARA ACALMAR A TEMPESTADE DO NOSSO CORAÇÃO

É tremendo perceber que a primeira palavra de Jesus não foi para repreender a fúria do vento nem para acalmar o mar tempestuoso. O primeiro ato de Jesus não foi operar um milagre na natureza que se contorcia agitada. A imediata intervenção de Jesus foi na vida dos seus discípulos: *Mas Jesus imediatamente lhes disse: Tende bom ânimo! Sou eu. Não temais!* (Mateus 14:27).

Antes de acalmar a tempestade no mar, Jesus acalmou a tempestade no coração dos discípulos. A agitação no coração deles era maior que a tempestade que havia no mar. A tempestade interna era maior que a tempestade externa. Não adianta resolver as circunstâncias externas se não há paz no coração. Não adianta acalmar o mar que se empola à nossa volta se há dentro de nós um vulcão entrando em erupção. Não adianta pacificar o vendaval à nossa volta se há conflito dentro de nós. A tempestade da alma é mais violenta que a tempestade das circunstâncias.

Antes de mudar o cenário que rodeava os discípulos, Jesus mudou o coração deles. Antes de exercer o seu poder sobre a fúria do vento, Jesus o exerceu para acalmar o vendaval que havia no interior dos discípulos. Antes de fazer sossegar as ondas do mar, Jesus aquietou os vagalhões furiosos que se levantavam na alma dos discípulos. A paz que Jesus oferece não é cessação de problemas. A paz de Cristo não é ausência de dificuldades. A paz que vem do céu não é uma situação bonançosa. A verdadeira paz é uma pessoa: Jesus! Basta-nos saber que Jesus está presente, ainda que o mar continue encapelado. *Tende bom ânimo! Sou eu. Não temais!*

Quando temos consciência da presença de Jesus, a fúria do mar não mais nos mete medo. Quando Jesus chega, a tempestade da alma vai embora. Quando o Filho de Deus se apresenta, a ventania que sibila furiosamente dentro de nós precisa sossegar. Embora vivam em bonançosa calmaria circunstancial, muitos não conhecem a verdadeira paz. Há muita gente que tem tudo na vida, mas está naufragando nas águas turbulentas da depressão. Muitas pessoas estão soterradas sob os escombros de seus sentimentos tempestuosos. Há os feridos pelos efeitos catastróficos dos terremotos que abalaram suas estruturas emocionais. O mundo está cheio de gente machucada, com a alma murcha, com o coração doente, com os sentimentos desfibrados, dominada pelo desânimo, sem forças para lutar, sem amor pela própria vida.

A primeira palavra de Jesus para os aflitos é: Coragem! Ânimo! Jesus trata conosco antes de resolver os nossos problemas. Não adianta mudar o meio sem antes mudar o nosso coração. Não adianta acalmar o mar sem antes aquietar o nosso íntimo. Primeiro Jesus trata conosco; só depois ele acalma os temporais da nossa vida. Primeiro Jesus restaura o nosso ânimo; depois ele interfere nas circunstâncias que nos rodeiam. Ele se importa com os nossos sentimentos. Ele é o supremo psicólogo. Ele trata das nossas feridas. Ele cuida do nosso coração. Ele nos dá um banho de consolo e encorajamento antes de começar a transformar a nossa situação. Quando Ana, deprimida, chorava, sem comer, e derramava a alma diante de Deus, ultrajada pela sua rival Penina, sofrendo a dor da esterilidade, pedindo a Deus um filho, o sacerdote Eli trouxe a ela uma palavra profética (1Samuel 1:17,18). Ela hospedou aquela mensagem no coração e foi curada da depressão. Ela tomou posse da vitória. Levantou-se e mudou o semblante. Voltou a comer. Voltou a viver. Deus se lembrou dela. Ela concebeu e deu à luz Samuel. O que é digno de nota é que, antes de curar o seu ventre estéril, Deus curou o seu coração. Antes de realizar uma cura física, Deus realizou uma cura emocional. Antes de mudar a situação, Deus mudou os sentimentos de Ana. Ela tomou posse da Palavra de Deus pela fé. Ela creu. Ela não esperou o milagre acontecer para começar a ter alegria. O mundo ao seu redor ainda estava trevoso, tempestuoso, mas agora havia ânimo no seu coração. A situação ainda não havia mudado, mas o seu coração sim.

Talvez você esteja singrando águas turbulentas. Talvez o barco da sua vida esteja sendo surrado por vagas furiosas e açoitado por tufões violentíssimos. Talvez o luto tenha chegado à sua casa, seu casamento esteja morrendo, a doença tenha batido à sua porta, ou os seus filhos tenham sido cativos por vícios degradantes. Talvez você esteja vivendo a dura realidade de uma depressão que não vai embora, de uma solidão que oprime o seu peito. Tenha bom ânimo. Jesus está com você. Aprume-se. Olhe para Jesus; ele está no controle da situação. Ele quer acalmar primeiro a tempestade do seu coração antes de fazer sossegar o vendaval que está ao seu redor!

Ouvi certa vez a história de uma jovem chamada Doralice. Atormentada pelos vendavais da vida, tomou soda cáustica com o propósito de ceifar a própria vida. Seus órgãos interiores ficaram corroídos e sem sentido foi levada às pressas a um hospital de São Paulo. Um cirurgião famoso foi chamado para salvar a vida daquela jovem. Com singular perícia, ele trabalhou arduamente. Doralice passou por mais de uma dezena de cirurgias até que, depois de vários meses, recebeu alta e voltou para casa. O médico preparava-se para um congresso internacional de medicina, onde haveria de dar testemunho desse feito extraordinário na vida de Doralice, quando recebeu um telefonema urgente. Era da casa de Doralice. A jovem fisicamente restaurada, ao voltar ao lar, esmagada pelo peso da angústia, comete suicídio. O médico cancelou sua agenda e foi para a casa de Doralice. Ali, consternado, tomou suas mãos gélidas e com forte emoção disse: "Doralice, me perdoe. Eu não compreendi que não era suficiente curar as feridas do seu corpo, sem tratar também os abscessos de sua alma". Esse dramático episódio reforça o fato de que as tempestades da alma precisam ser acalmadas antes de acalmar os vendavais das circunstâncias!

2. JESUS VEM PARA LEVANTAR O CAÍDO

Pedro olhou para Jesus e se fortaleceu. Pedro creu em Jesus, e a tempestade tornou-se administrável. Pedro, sob a palavra de Jesus, caminhou sobre o mar das dificuldades e experimentou o extraordinário. Mas, de repente, o vento furioso da tempestade abalou a sua fé; Pedro desviou os olhos de Jesus e, dominado pelo medo, começou a afundar.

Nós não prevalecemos nas tempestades da vida por causa da nossa força. Só podemos triunfar sobre as dificuldades pela fé. A fé que vence é aquela que não se intimida com o gigantismo dos problemas, mas permanece olhando firmemente para Jesus, a despeito deles.

Pedro desviou os olhos de Jesus e afundou. Mas imediatamente clamou por socorro: *Salva-me, Senhor!* (Mateus 14:30). Jesus não o deixou ser tragado pelas águas, mas, prontamente, *estendendo a mão, tomou-o e lhe disse: Homem de pequena fé, por que duvidaste?* (Mateus 14:31). Talvez seja esta a sua situação: você fraquejou; aquela fé robusta de outrora está se apagando em seu coração. A voz da tempestade é maior do que a sua fé em Jesus. Suas vitórias do passado são apenas vagas lembranças. A crise se instalou em sua vida. Seus pés não conseguem mais se firmar. Você está apavorado. Está pisando em areia movediça. Tudo o que está à sua volta mete medo em seu coração. Os problemas tornaram-se gigantes invencíveis, e você começou a naufragar. Então, é hora de fazer como Pedro: Clame ao Senhor! Ele é o refúgio no dia da angústia. Ele arrancará você das profundezas do abismo. Livrará a sua alma da morte, os seus olhos das lágrimas e os seus pés da queda (Salmos 116:8). Colocará você de pé outra vez. Firmará os seus passos. Ele lhe dará vitória. Você triunfará com Jesus e andará com ele por sobre a tempestade!

Há esperança para aquele que tropeçou. Há uma nova oportunidade para aquele que clama a Jesus na hora de seu desespero. Há livramento para aquele que clama por socorro. Davi pecou e afundou-se num poço de desespero, mas confessou o seu pecado e encontrou em Deus restauração. O filho pródigo voltou para a casa do Pai e encontrou o abraço da reconciliação e o beijo do perdão. O ladrão na cruz, na undécima hora, reconheceu seu pecado e clamou pelo perdão de Jesus e foi salvo. Há esperança para você, não importa o rigor da tempestade que assola sua vida. Em Jesus sempre há esperança e socorro oportuno!

3. JESUS VEM PARA ACALMAR A TEMPESTADE

A tempestade não dura a vida inteira. Ninguém suportaria uma vida toda caracterizada pela turbulência. Há intervalos de bonança. Há tempos de refrigério. Há bons portos na viagem da vida. O choro pode durar uma noite inteira, mas a alegria vem pela manhã.

Quando Jesus chega, põe fim à nossa tempestade. Ele acalma o mar, repreende a fúria do vento, faz sossegar as ondas. Ele estabelece a bonança. Faz o nosso barco parar de balançar. Estanca o fluxo da nossa angústia. Amordaça a boca da crise que berra aos nossos ouvidos. Quando Jesus chega, a tempestade bate em retirada. Sua voz é mais poderosa que a voz do vento. Ele é o Senhor da natureza. Tudo o que existe está sob a sua autoridade. Tudo foi subjugado debaixo dos seus pés. A tempestade conjugal e financeira que assola a sua vida pode ter um fim. A enfermidade que rouba os seus sonhos, drena as suas forças e estiola o seu vigor pode ser curada. A depressão que aperta o seu peito pode ser vencida. O medo que suga as suas energias pode acabar.

Jesus está no controle da situação. Ele vela por você, ama você, cuida de você. Ele pode transformar o seu vale árido em manancial, o seu choro em alegria, a sua tempestade em bonança, e a sua crise em oportunidade de bênção.

Tiago, irmão de Jesus, ao falar sobre as tempestades e provações da vida, disse: *Meus irmãos, tende por motivo de toda alegria o passardes por várias provações* (Tiago 1:2). Tiago nos ensina quatro coisas tremendas sobre as tempestades:

1. *Elas são inevitáveis* — elas chegam, nos surpreendem, nos atingem.
2. *Elas são multicoloridas* — a palavra grega para "várias" é *poikilos*, "multicolorido". Há provações de todas as cores: há provações rosa-claras; outras, rosa-choque; há ainda provações vermelhas; também há provações roxas e até mesmo escuras como breu. Há tempestades mais intensas que outras. Existem problemas mais complexos que outros. Há ventos fortes e há tufões. Talvez você já tenha passado por toda sorte de tempestades na vida.
3. *Elas são passageiras.* Elas são apenas um intervalo na vida: você está passando por

elas. Elas não vão durar a vida toda. Quando Jesus chega e intervém, a tempestade transforma-se em bonança.
4. *Elas precisam ser enfrentadas com alegria* — porque todas as coisas cooperam para o bem daqueles que amam a Deus. Tudo o que acontece com os filhos de Deus tem um propósito bom. Saímos das tempestades mais fortalecidos na fé, mais confiantes em Jesus, mais perto de Deus!

4. JESUS VEM PARA LEVAR-NOS SEGUROS AO NOSSO DESTINO

O destino dos discípulos era Cafarnaum (João 6:17), e não o fundo do mar. Não importa quão frequentes e intensas sejam as tempestades, elas não podem levar-nos ao naufrágio, porque Deus já estabeleceu o nosso destino. Nós seguimos de força em força. Vamos rompendo as dificuldades, atravessando as barreiras. Nenhum filho de Deus ficará para trás tombado no caminho. Cada um comparecerá diante de Deus em Sião (Salmos 84:7).

Deus não nos promete ausência de luta, mas vitória certa. Deus não nos promete caminhada fácil, mas chegada segura. Ele não afasta as tempestades, mas nos dá livramento nelas. Não nos dá livramento dos problemas, mas nos problemas. O fato de sermos filhos de Deus, criados, formados, remidos, chamados e possuídos por ele não nos isenta dos problemas (Isaías 43:1). Mas temos a promessa da sua presença libertadora nas provações da vida:

> *Quando passares pelas águas, eu serei contigo; quando, pelos rios, eles não te submergirão; quando passares pelo fogo, não te queimarás, nem a chama arderá em ti.* (Isaías 43:2)

Quando Jesus subiu ao barco dos discípulos, o vento cessou (Mateus 14:32; Marcos 6:51). Quando os discípulos receberam Jesus no barco, *logo o barco chegou ao seu destino* (João 6:21). Saiba que você também chegará salvo e seguro ao seu destino. Sua vitória é certa. Sua salvação em Cristo está absolutamente assegurada (João 10:28). Nada nem ninguém neste mundo ou no porvir poderá separar você do amor de Deus (Romanos 8:38,39). Nem todo o inferno poderá afastar você do céu, se você já está selado com o Espírito Santo da promessa e assentado com Cristo nas regiões celestiais, acima de todo o principado e potestade. A tempestade pode ser terrível e longa. Pode até retardar a sua chegada. Mas nunca impedirá que você chegue salvo e seguro no porto celestial. Mesmo que a morte chegue, ela não pode afastar você do seu lar celestial. A morte para o salvo não é derrota, mas vitória; não é fracasso, mas promoção; não é o fim, mas o começo de uma eternidade gloriosa!

Em 1997 estive na Coreia do Sul, visitando a Igreja do Evangelho Pleno, em Seul. É a maior igreja local do mundo, com mais de setecentos mil membros. Naquela época era pastoreada por Paul (David) Yong Cho, que começou seu ministério numa época em que o seu país fora devastado pela Segunda Guerra Mundial, em razão da invasão comunista na Coreia. Aquele foi um tempo de terrível opressão para os cristãos. Milhares foram presos, torturados e mortos com requintes de crueldade por causa da sua fé. Paul Yong Cho conta num dos seus livros a dramática história vivida por um pastor e sua família na cidade de Inchon. Eles foram presos pelos soldados comunistas e convidados a negar a sua fé em troca da liberdade. Mas o pastor e sua família permaneceram inabaláveis na fé. Então, foram ameaçados de ser sepultados vivos, caso não negassem Jesus. Mesmo assim, a família continuou irredutível em sua fidelidade a Cristo. Uma cova foi aberta e ali jogaram o pastor, sua esposa e seus filhos. Com fúria tresloucada, os carrascos começaram a enterrar viva aquela família. Nesse instante, um dos filhos, apavorado diante da cena aterradora, gritou: "Papai, por favor, pense em nós!" Esse inesperado e aflito apelo do filho fez o pai vacilar por um momento, cheio de angústia. Mas imediatamente outra voz bradou com eloquência: "Nossa resposta é não! Não vamos negar o nosso Senhor!" Com o rosto brilhando e grande heroísmo, aquela mãe disse aos filhos: "Fiquem quietos, filhos. Coragem! Então vocês não sabem que esta noite vamos estar com Jesus, o rei dos reis e

Senhor dos senhores?" E, enquanto a terra era lançada sobre eles, a família começou a entoar o hino:

> Eu avisto uma terra feliz
> Prometida e segura nos céus.
> Avistamos o santo país
> Pela fé na Palavra de Deus.
>
> *Com Jesus no porvir*
> *Com Jesus no celeste porvir.*
>
> Pacientes podemos penar
> Se sofrermos por Cristo Jesus.
> Pois sem culpa, sem falta ou pesar
> Viveremos no reino da luz.

A família prosseguiu cantando com bravura e gloriosa convicção, enquanto os algozes os sepultavam vivos. Cantaram com profundo fervor, até que suas vozes sumiram completamente sob os escombros. Entre a multidão de testemunhas, havia um silêncio sepulcral. Paul Yong Cho conclui o dramático relato dizendo que muitas pessoas que viram aquela cena se converteram ao Senhor Jesus, e hoje são membros da sua igreja. Aleluia! Nem prisão, nem açoites, nem tempestades, nem a própria morte pode impedir-nos de chegar ao nosso lar, à nossa Pátria, ao céu!

> *Que diremos, pois, à vista destas coisas? Se Deus*
> *é por nós, quem será contra nós? Aquele que não*

poupou o seu próprio Filho, antes, por todos nós o entregou, porventura, não nos dará graciosamente com ele todas as coisas? Quem intentará acusação contra os eleitos de Deus? É Deus quem os justifica. Quem os condenará? É Cristo Jesus quem morreu ou, antes, quem ressuscitou, o qual está à direita de Deus e também intercede por nós. Quem nos separará do amor de Cristo? Será tribulação, ou angústia, ou perseguição, ou fome, ou nudez, ou perigo, ou espada?

Como está escrito: Por amor de ti, somos entregues à morte o dia todo, fomos considerados como ovelhas para o matadouro.

Em todas estas coisas, porém, somos mais que vencedores, por meio daquele que nos amou. Porque eu estou bem certo de que nem a morte, nem a vida, nem os anjos, nem os principados, nem as coisas do presente, nem do porvir, nem os poderes, nem a altura, nem a profundidade, nem qualquer outra criatura poderá separar-nos do amor de Deus, que está em Cristo Jesus, nosso Senhor. (Romanos 8:31-39)

CONCLUSÃO

HÁ, CONTUDO, UMA PERGUNTA que ainda pode estar inquietando o seu coração: Se Deus nos ama, por que sofremos? Se Jesus está no controle, por que somos abatidos por tempestades? É claro que Deus não é sádico. Ele não tem prazer em ver seus filhos sofrendo. O sofrimento em si mesmo não é bom. Mas, então, por que passamos por dificuldades? O texto que estamos considerando (Mateus 14:22-33) lança luz sobre essa questão momentosa. Encontramos duas razões pelas quais Jesus nos envia na direção da tempestade: *E os que estavam no barco o adoraram, dizendo: Verdadeiramente és Filho de Deus!* (Mateus 14:33).

Primeiro, as tempestades da vida nos fazem crescer no conhecimento de Cristo. Antes, os discípulos tinham noção de que Jesus era Filho de Deus, mas agora eles declaram: *Verdadeiramente és Filho de Deus*. Não aprendemos as grandes lições da vida em dias de festa e celebração, mas nas horas amargas de aflição. Davi disse: *Foi-me bom ter eu passado pela aflição, para que aprendesse os teus decretos* (Salmos 119:71). Até mesmo Jesus aprendeu pelas coisas que sofreu (Hebreus 5:8). Paulo diz que devemos alegrar-nos nas tribulações, sabendo que elas produzem perseverança e esta, a experiência (Romanos 5:3,4). Não basta conhecer a respeito de Deus; é preciso conhecer a Deus. Não basta ter conhecimento; é preciso ter experiência. Uma fé de segunda mão não suporta as tempestades da vida. O apóstolo Paulo chegou ao final da sua jornada trazendo no corpo as marcas de Cristo. Sofreu prisões, açoites, perigos de todas as formas, mas as aflições não destruíram a sua fé; antes, colocaram-no mais perto de Deus. Ele termina a sua jornada, dizendo: *Eu sei em quem tenho crido* (2Timóteo 1:12). Jesus permite, então, as tempestades para que nós o conheçamos mais profundamente e tenhamos experiência do seu poder e do seu livramento.

Segundo, as tempestades da vida nos levam a adorar a Jesus. Os discípulos prostraram-se aos pés do Filho de Deus e o adoraram depois daquele tremendo livramento. Não apenas o mar e o vento se renderam à soberana autoridade de Cristo, mas também os discípulos caíram aos seus pés. O homem nunca é tão grande como quando está de joelhos aos pés de Cristo em sincera e profunda adoração. Adorar a Deus é o fim principal da nossa vida. Se as tempestades impulsionam a nos curvarmos diante da majestade do Senhor, bendita tempestade! Estamos certos de que a nossa leve e momentânea tribulação produz para nós eterno peso de glória (2Coríntios 4:17). Prostre-se aos pés do Senhor Jesus, adore-o, porque ele é verdadeiramente o Filho de Deus. Bendiga o seu nome, porque ele não desampara os que nele esperam. Aquiete o seu coração, porque ele está assentado na sala de comando do universo. Não desanime, porque ele está no controle da sua vida e da sua história!

Sua opinião é importante para nós.
Por gentileza, envie-nos seus comentários pelo e-mail:

editorial@hagnos.com.br